BEI GRIN MACHT SICH IHR WISSEN BEZAHLT

- Wir veröffentlichen Ihre Hausarbeit, Bachelor- und Masterarbeit

- Ihr eigenes eBook und Buch - weltweit in allen wichtigen Shops

- Verdienen Sie an jedem Verkauf

Jetzt bei www.GRIN.com hochladen und kostenlos publizieren

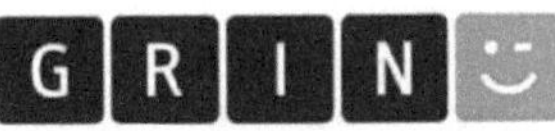

Bibliografische Information der Deutschen Nationalbibliothek:

Die Deutsche Bibliothek verzeichnet diese Publikation in der Deutschen National-
bibliografie; detaillierte bibliografische Daten sind im Internet über http://dnb.d-
nb.de/ abrufbar.

Impressum:

Copyright © 2009 GRIN Verlag, Open Publishing GmbH
Druck und Bindung: Books on Demand GmbH, Norderstedt Germany
ISBN: 9783640466054

Dieses Buch bei GRIN:

http://www.grin.com/de/e-book/138035/wer-war-gunter-otto-auslegen-von-bildern

Sophie Peper

Wer war Gunter Otto? - Auslegen von Bildern

GRIN Verlag

Inhaltsverzeichnis

1. Einleitung 2

2. Wer war Gunter Otto? 3

    2.1 Lebenslauf von Gunter Otto 3

    2.2 Ottos Weg seiner kunstdidaktischen Ansätze 4

3. Bildinterpretation: Auslegen in und von Bildern 6

    3.1 Gunter Otto: Auslegen 6

        3.1.1 Machen 8

        3.1.2 Sprechen 8

        3.1.3 Sammeln 8

        3.1.4 Kontext 9

        3.1.5 Konzept 10

            3.1.5.1 Assoziationsphase 10

            3.1.5.2 Konzeptphase 11

            3.1.5.3 Historische, gesellschaftliche, soziale Allocation 11

    3.2 Zusammenfassung 11

4. Fazit 12

5. Anhang 13

    5.1 Abbildungen: Ottos frühe Werke 13

    5.2 Berliner Modell 14

5. Literaturverzeichnis 19

1. Einleitung

Diese Ausarbeitung bezieht sich auf das Referat zum „Auslegungsprozess von Bildern" nach Gunter Otto im Rahmen des Seminares „Bildkompetenz" im SS09 bei Herrn Prof., Dr. Pierangelo Maset. Ein zentraler Aspekt soll eine kurze aber dennoch prägnante Darstellung der Bildinterpretationsmethode von Otto sein. Otto beschreibt den Auslegungsprozess in seinem zweiteiligen Buch „Auslegen. Ästhetische Erziehung als Praxis des Auslegens in Bildern und des Auslegens von Bildern", dass 1987 veröffentlich wurde.

Wie schon im Titel angedeutet, ist Gunter Otto ein nicht ganz unwichtiger Teil dieser Arbeit, daher wird er und sein kunstpädagogischer Werdegang vorweg kurz vorgestellt. Nach dem Lebenslauf, der nur einige Eckdaten und Ereignisse Ottos Leben aufzeigen soll, wird durch die Beschreibung Ottos Weg als Kunstpädagoge eine Überleitung zu der Erläuterung seiner Methode „Auslegen" geschaffen.

Der Auslegungsprozess ist in verschiedene Abschnitte gegliedert. Neben der Perceptbildung, durch Machen, Sammeln und Sprechen, steht vor allem die Konzeptentwicklung im Vordergrund. Dieses Konzept entsteht mit Hilfe des Perceptes in Verbindung mit einem Kontext und Allocationen. Dieser Vorgang findet in Kapitel 3 genauere Erläuterung.

Mit dieser Methode sollen die Schüler[1] etwas an die Hand bekommen, was es ihnen ermöglicht, sich konstruktiv einem Bild anzunähern. Gensbauer formulierte dazu im Rahmen eines Seminares für Kusnterziehung auf Ottos Kunstdidaktik bezogen: „Der Kunstpädagoge müsse im Unterricht "Anschlußstellen" suchen, über die er die Schüler zur modernen Kunst führen könne. So kann der Weg in die Kunst sowohl über die Faszination des Machens, als auch über das Wissen und die theoretische Information führen. Gegenwartskunst, so schließt Otto etwas pathetisch dieses Kapitel seiner Betrachtung, sei ein "Übungsfeld der Toleranz" und trage somit zur "Demokratisierung der Kultur" bei. Kunst müsse demnach gelehrt werden. Wer sich mit ihr beschäftige, übe sich in die Grundhaltung des Integrierens, des Tolerierens, des Experimentierens und Kritisierens ein."[2]

Ein kurzes Fazit in Bezug auf die Umsetzung in der Schule schließt die Arbeit ab.

---

[1] Der Leserlichkeit halber verwende ich nur die männliche Form, gemeint sind aber jeweils Schüler sowie Schülerinnen.
[2] Gensbauer, (2000), S. 2

2. Wer war Gunter Otto?

Gunter Otto war einer der führenden Kunstdidaktiker der Nachkriegszeit und hatte prägenden Anteil an der modernen Didaktik des Kunstunterrichtes. Auch seine Modelle und Methoden zur Ästhetischen Erziehung hatten und haben nachwievor großen Einfluss, bei der Gestaltung und Planung des Kunstunterrichtes. Eines dieser Modelle zur Ästhetischen Erziehung ist der Ausgangspunkt dieser Arbeit. Otto veröffentlich dazu 1987 in Zusammenarbeit mit seiner Frau Maria Otto folgendes Buch: Ästhetische Erziehung als Praxis des Auslegens in Bildern und des Auslegens von Bildern. In diesem Kapitel soll es vordergründig erst einmal um das Leben Ottos gehen. Nach einer kurzen Biographie mit wichtigen Eckdaten, folgt die Beschreibung wie Gunter Otto zur Kunstdidaktik bzw. Kunsterziehung kam.

2.1 Lebenslauf von Gunter Otto[3]

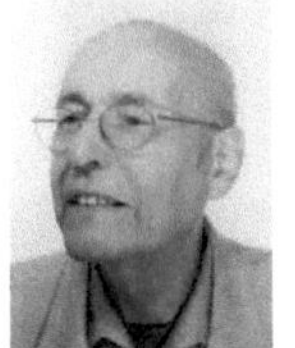

- * Geboren am 10.01.1927 in Berlin

- † Gestorben am 28.01.1999 in Bad Bevensen

Abb. 1 Gunter Otto[4]

- Seine gesamte Schulzeit fiel in die Zeit des Nationalsozialismus.

- 1944 wurde er zum Arbeitsdienst einzogen. Hier entstanden einiger seiner ersten Bilde, in denen der Krieg häufig thematisiert wurde (siehe Anhang Abb.4, 5 und 6)[5]. Otto stand dem Naziregime gespalten gegenüber.

- Im WS 45/46 begann er sein Studium an der Hochschule für Kunsterziehung in Berlin.

- 1949 heiratete Otto das erste Mal und 1950 kam sein erstes Kind zur Welt.

- 1951 schloss er sein Studium mit der Zweiten Staatsprüfung ab und beendete seinen Schuldienst 1956. In diesem Jahr wurde Otto an Pädagogische Hochschule Berlin berufen und wurde dort Studienrat.

---

[3] Die Eckdaten seines Lebenslaufes wurden auf http://de.wikipedia.org/wiki/Gunter_Otto_(P%C3%A4dagoge) (Zugriff: 09.08.2009) entnommen.
[4] Quelle Abbildung: http://www.kunstlinks.de/img/img10/otto.jpg (Zugriff: 09.08.2009)
[5] Abb. 4,5 und 6: Legler (2002), S. 2-3

- 1956 entwickelte er in Zusammenarbeit mit Wolfgang Schulz das „Berliner Modell der Didaktik".

- Um 1958, mit seinem ungefähren Beginn der Publikationstätigkeit hörte Otto, um seinen eigenen Anforderung als Didaktiker gerecht zu werden, mit dem Malen auf.

- 1964 veröffentlichte Otto seinen ersten eigenen Entwürf zur Kunstdidaktik unter dem Titel „Kunst als Prozeß im Unterricht".

- Ab 1968 gab Gunter Otto die Zeitschrift „Kunst und Unterricht" heraus.

- In den 70er Jahren verlagerte sich Ottos Interesse hin zur Ästhetischen Bildung/Erziehung des Menschen. 1971 wechselte er an die Universität Hamburg und arbeitete dort als Professor für Erziehungswissenschaften. 1974 erschien sein programmatisches Werk „Didaktik der ästhetischen Erziehung". Er veröffentlichte seit den 1970ern mehrere fachdidaktische Schriften in Form von Büchern und Aufsätzen.

- 1992 wurde Gunter Otto emeritiert und blieb bis zu seinem Tode 1999 produktiv.

2.2 Ottos Weg seiner kunstdidaktischen Ansätze

Wie im Lebenslauf erwähnt, hat Otto während seiner Jungend und des Studiums selbst gemalt und sich zu diesem Zeitpinkt, wie Wolfgang Legler (2002) in einer Vorlesung zur „Kunstpädagogischen Position" an der Uni Hamburg vermutete, noch nicht für die Fragen der Kunstdidaktik interessiert. Um das Jahr 1955 hat Otto eine wichtige künstlerische Richtungsänderung getroffen. Von der „Diktatur des Abstraktismus" hin zur Moderne. Wichtige Impulse für diese Umorientierung soll der Maler und Theoretiker Willi Baumeister gegeben haben.[6]

Als er 1956 an der Pädagogischen Hochschule in Berlin zum Oberstudienrat ernannt wurde, entwickelte er zusammen mit Wolfgang Schulz das sogenannte „Berliner Modell der Didaktik" (Erläuterung siehe Anhang S. 14-18) . Schulz war Schüler Paul Heimanns, dessen Didaktik das Modell mit prägte. Heimanns Strukturanalyse des Unterrichts korrespondiert mit Gunter Ottos Strukturanalyse der Gegenwartskunst und aus dieser Übereinstimmung resultiert eine erste allgemein didaktisch begründete und erziehungswissenschaftlich orientierte Fachdidaktik.[7]

---

[6] Vgl. Legler (2002), S. 6
[7] Vgl. Legler (2002), S. 8

Der 1964 erschiene fachdidaktische Entwurf Ottos „Kunst als Prozeß im Unterricht", ist eine seiner ersten und einflussreichsten Veröffentlichungen. Otto hebt den Zusammenhang zwischen institutionellen, soziokulturellen und anthropologisch-psychologischen Voraussetzungen des Handelns im Unterricht und allen Entscheidungsfeldern, so strukturiert und reflektiert wie möglich vor. Als Leitbegriffe dienen Otto Material, Experimentieren und Montage, die er als die entscheidenden Strukturmerkmale der Gegenwartskunst herausstellt. Seine Entscheidung für die Moderne, bildet eine wichtige Voraussetzung für die kunstpädagogische Entscheidung, die bildende Kunst der Gegenwart zum zentralen Inhalt des Kunstunterrichts zu machen. Legler verdeutlicht dies durch einen Ausschnitt aus einem Aufsatz Ottos (1959) mit dem Titel „Didaktische Probleme des Unterrichtsfaches ´Bildende Kunst`. „…ausgehend von der Interpretation einer Äußerung Baumeisters: „Kunst soll helfen, eine Anschauung von der Wirklichkeit *heute* zu gewinnen. In diese Funktion muß die kontrollierte, in strenge Gesetzmäßigkeiten der Gestaltungslehre gebundene, vom Kunstverstand reflektierte Aussageweise *gegenwärtiger* Kunst hineingenommen werden" ([Otto] 1959, S.514). „Die differenzierten Kulturmuster der Gegenwart", schreibt Otto etwas später, „sind ohne rationale Durchdringung nicht mehr zu assimilieren", dadurch habe sich der Umfang dessen, was an der Kunst lehrbar ist, erheblich erweitert. „Diese Einweisung in den künstlerischen Prozeß", heißt es gegen Ende des Textes im Blick auf die Gestaltungslehren von Klee bis Burchartz, „kommt einer ‚Entmythologisierung' der Kunst gleich, die neue Chancen für bewußtes unterrichtliches Handeln aufzeigt (S.519)."[8]

Weiterhin erwähnt Legler in seiner Vorlesung, einen Wandel der fachdidaktischen Orientierung. Immer mehr Aufmerksamkeit gewinnt für Otto die Betrachtungsweise von „Kunst als sozialer Prozess" und somit weg von dem Blickwinkel „Kunst als Struktur", welchen er in seinem oben angesprochenem Buch ausführlich darlegt hat. In seiner folgenden Publikation „Didaktik der Ästhetischen Erziehung" erklärt Otto dann, dass prinzipiell alle ästhetischen Objekte mit oder ohne Kunstanspruch Gegenstand des Kunstunterrichts sein können. Die Auswahl muss nur entsprechend begründet werden. „Von der weitgehenden Beliebigkeit der Inhalte eines Kunstunterrichts, der unter der Perspektive „Ästhetische Erziehung" geplant wurde, markiert das 1987 erschienene Buch „Auslegen - Ästhetische Erziehung als Praxis des Auslegens in Bildern und des Auslegens von Bildern" zumindest insofern eine Abkehr, als die Bilder selbst wieder wichtiger und nun auch ganz explizit mit der Lebenswelt, den Erfahrungen und Erinnerungen derer in Beziehung gebracht werden, die sich mit ihnen auseinander-

---

[8] Legler (2002), S. 7. Zitiert nach Otto (1959), S. 514, 519

setzen sollen."[9] Ottos Modell der Bildauslegung ist der Ausgangspunkt dieser Arbeit und wird im folgenden Kapitel genauer dargestellt.

Auch in den letzten Jahren vor Ottos Tod ist er nicht untätig geblieben und beschäftigte sich nachwievor mit den zentralen Aufgaben der Fachdidaktik, mit den Bedingungen, die das Gelingen von Lehre und Unterricht beeinflussen.

3. Bildinterpretation: Auslegen in und von Bildern

Es gibt keine allgemeinen Regeln, wie man sich an ein Kunstwerk anzunähern hat. Dies führte in der Kunstgeschichte immer wieder zu neuen Ansätzen der Werkbetrachtung. Eines soll hier nun vorgestellt werden. Die Methode der Auslegung wurde von Gunter Otto entwickelt und mit seinem Buch „Auslegen. Ästhetische Erziehung als Praxis des Auslegens in Bildern und des Auslegens von Bildern." 1987 veröffentlicht.

3.1 Gunter Otto: Auslegen

Auslegen meint einen produktiven Umgang mit Bildern und ist eine Praxis, die wir täglich anwenden. Wir legen alles aus, was wir wahrnehmen. Otto stellt fest: Bilder spielen in unserem Leben eine wichtige Rolle.

„Bilder machen fröhlich und traurig, nachdenklich und andächtig, neugierig und klug - aber auch dumm.

Bilder sind nützlich. Bilder wollen stören. Bilder können helfen: sich zu erinnern, sich etwas vorzustellen, auf etwas aufmerksam zu machen, können helfen, sich zu orientieren, etwas zu entdecken oder zu verstecken.

Bilder werden geliebt, verehrt, zerstört, verboten.

Bilder werden gehandelt, verschenkt und versteigert, gesammelt und gepflegt.

Bilder werden gemacht."[10]

---

[9] Legler (2002), S. 20
[10] Otto (1987), S. 20

„Viel häufiger als wir selber Bilder machen, sind wir mit Bildern konfrontiert...“[11] Schon in diesem Satz deutet Otto an, wie sehr in der Bildende Kunst es wichtig ist, mehr Wert auf das Sehen zu legen. Für ihn schließt sich die Frage an, wie die Schulen auf die Vielfalt auf uns einströmender Bilder reagieren sollen.

Leitend bei dem Prozess des Auslegens ist ein methodischer Dreischritt von subjektiver Perceptbildung, Erschließung des bildnerischen Konzepts und abschließender Allocation, bei der der Betrachter (die Schüler) das jeweilige Werk im Kontext außerkünstlerischer Bedingungen zu begreifen versuchen.[12]

Folgende Grafik soll den Zusammenhang der bereits erwähnten Schritte der Methode Ottos verdeutlichen und einen Überblick über dessen Konzept geben.

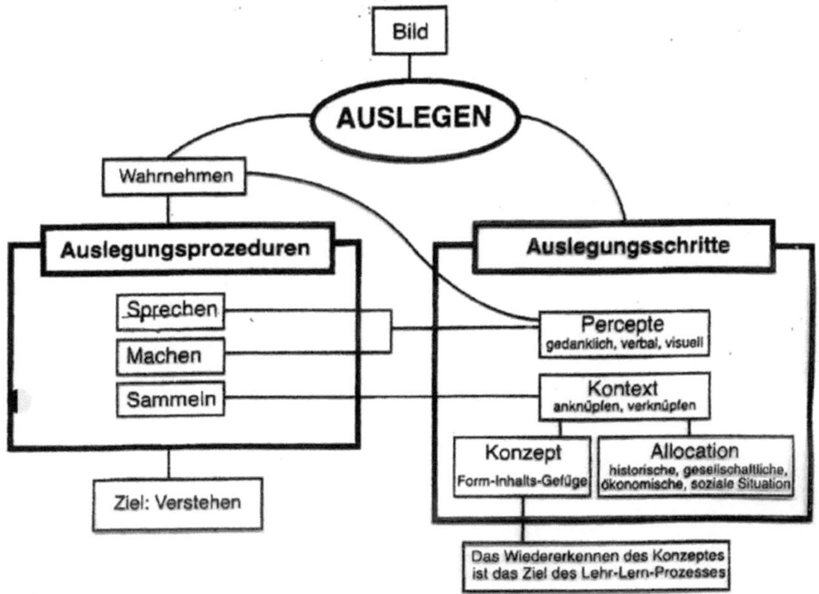

Abb. 2
Schaubild nach Gunter Otto
"Auslegen - Ästhetische Erziehung als Praxis des Auslegens in Bildern und des Auslegens von Bildern" (1987)
Illustriert und bereitgestellt von Alexandra Breckwoldt

---

[11] Otto (1987), S. 20
[12] Vgl. Otto (1983), S. 10-19

Als Grundlage der Auslegungsprozeduren stellt Otto die Wahrnehmung heraus. Er unterscheidet drei Prozeduren: Machen, Sprechen, Sammeln (Diese sind die Medien der Wahrnehmung)

3.1.1 Machen

Das „Machen" äußert sich nicht unbedingt nur im Erfinden eigener Bilder. Es kann dabei durchaus auch auf vorhandenes Material zurückgegriffen werden. So kann man vorhandene Bilder fotokopieren, fotografieren, verkleinern, vergrößern, übermalen, collagieren, umgestalten usw. Die Schülerinnen und Schüler lernen dabei, genauer hinzuschauen und können dann auch mehr über Bilder erzählen. Ein Beispiel soll das später deutlich machen.

3.1.2 Sprechen

Ausgehen sollte man von der Subjektivität der Betrachtenden und ihren Interessen. Sie haben sich vor Bildern oft unterschiedliches zu sagen. Das Sprechen vor und über Bilder wird so gelernt. Dabei muss man auch das naive Reden über Bilder anfangs zulassen. Dieses verhilft zur Einsicht, dass es weiterhilft zu sammeln, zu befragen, zu untersuchen, zu erinnern, zu entdecken und zu verknüpfen und sich gegenseitig zu befragen.

Mit der Zeit sollen die Schülerinnen und Schüle ein Konzept entwickeln, dass ihnen nicht nur hilft Bildaussagen zu erschließen, sondern sich auch angemessen darüber zu unterhalten. Zurecht sagt Otto, dass Sprache genau sein muss, wenn sie der Reflexion und Kommunikation über Bilder dienen soll. Aber alle Worte, die über ein Bild gesagt werden schaffen schon eine Differenz zwischen dem Bild und dem Gesagten. Diese unvermeidliche Tatsache muss allen, die Bilder betrachten und über diese reden klar sein.

3.1.3 Sammeln

„Gesammelt wird, was selten ist, was staunen macht, was Fragen aufwirft, was Wert hat, was Kunstvoll gemacht ist..."[13]

Was sammeln Kinder und Jugendliche? Anhänger, Ansichtskarten, Bleistifte, Bierkronen, Eintrittskarten, Fußballbilder... . Fatke und Flitner bezeichnen das Sammeln als eine Form der „Selbst- und Welterfahrung". Es trägt bei zur „Bestimmung und Erweiterung der Identität".[14]

---

[13] Otto (1987), S. 110
[14] Fatke und Flitner In: G. Otto; 1987; S. 116

Sammeln als didaktischer Impuls:

- Neugier und Besitzstreben

- Suche nach Zusammenhängen

- Vergewissern der Objektwelt und seiner Selbst

- Dokumentation von Welt und Entdeckung von Nähe und Ferne zum anderen

- Dokumentation eigener Wünsche, Träume

3.1.4 Kontext

Lässt man die Schülerinnen und Schüler nun zu einem oder mehreren Werken etwas Sammeln, sie darüber reden, vergleichen, Bilder suchen, Texte lesen, Übermalen, Probieren usw., so dient dies alles zum Aufbau von Kontexten zu diesen Bildern. Und diese wiederum lassen das Bild in seiner Vielschichtigkeit sichtbar werden.

Wie jedes Bild vielschichtig ist, so ist auch jeder Auslegungsprozess komplex. Er ist wie eine „Collage", es gibt keine feste Reihenfolge der Schritte.

Beispiel zur Verknüpfung von Machen, Sprechen und Sammeln anhand der Betrachtung des Bildes „Sonntagnachmittag" von Harald Duwe (1951/57)[15]

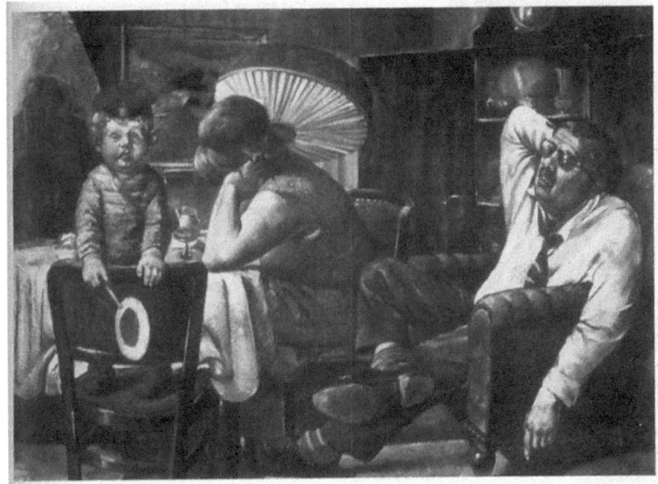

Abb. 3 „Sonntagnachmittag von Harald Duwe (1951/57)[16]

---

[15] Otto (1987), S. 84-104

• Bild zeigen: Was siehst du, was erinnerst du, was fühlst du, wenn du dieses Bild ansiehst?

• Vielfältigkeit der Ansichten -> Aufschreiben lassen

• Bild kann zum Medium zur Mitteilung über das eigene Familienleben werden

• einige Schüleraussagen vorlesen

• Bilder bearbeiten lassen - Aufgabenstellung: Stimmung ändern -> fröhlicher

• Umrisszeichnungen verteilen -> Familienmitglieder einzeichnen

• weitere Bilder von Duwe zeigen

• Texte von Duwe/über Duwe lesen lassen

• Kontext erweitern: Bildthema variieren - andere Abbildungen von anderen Künstlern, Abbildungen aus Zeitschriften (Werbung) usw.

• Bilder über eigene Familie anfertigen

• Historischer Kontext: wie waren Familien früher? (Rolle des Vaters usw.)

• Gefahr: Ausgangsbild gerät in Vergessenheit - deshalb: noch einmal auf das Bild zurückkommen!

3.1.5 Konzept

Die Bildung eines Konzeptes vollzieht sich in drei Schritten:

3.1.5.1 Assoziationsphase

Es wird beschrieben was zu sehen ist. Die betrachtenden Objekte werden mit anderen Objekten und der eigenen Erfahrungswelt verglichen. So bilden sich Percepte: „Wenn landläufig Bilder betrachtet werden, dann spielt nicht nur Rolle, was auf dem Bild zu sehen ist (...), sondern was der Betrachter, mit dem, was er sieht, verbindet. Diesen Verknüpfungsakt nennen wir die Bildung eines Percepts."[17] Es werden die sichtbaren Ebenen der Gegenstände, Farben, Beziehungen, Ereignisse werden beschrieben

---

[16] Otto (1987), S. 85
[17] Otto (1987), S.51

3.1.5.2 Konzeptphase

Die Schülerinnen und Schüler sollen sehen, wie etwas ist. Fragen nach vermuteter Herstellungsabsicht werden gestellt, inhaltliches und formales Konzept werden einander zugeordnet Es wird ein größerer Anspruch an die Sprache gestellt, mit der Objekte besprochen werden.

3.1.5.3 Historische, gesellschaftliche, soziale Allocation

Warum werden die Bilder gerade so dargestellt? In welcher Zeit hat der Künstler gelebt? Was hat ihn möglicherweise beeinflusst? Gibt es vergleichbare Bilder auch von anderen Künstlern? Spätestens hier wird deutlich, dass das „Auslegen" von Bildern einer Flut von Informationen bedarf, die es ebenso gilt nach bestimmten Inhalten und Schwerpunkten zu strukturieren.

Wichtig ist es abschließend für die Konzeptbildung, mit Hilfe des Perceptes, des Kontextes sowie der Allocation, das Form-Inhalts-Gefüge zu ergründen. Das heißt zu versuchen zu verstehen bzw. zu erkennen, wie der Künstler gearbeitet hat. Also welche Methoden hat der Künstler benutzt, um jene Wahrnehmung (bei der Perceptbildung) zu erreichen.

3.2 Zusammenfassung

Im Laufe der Entwicklung der Kunstdidaktik, hat sich die Anerkennung der ästhetischen Rationalität (vgl. dazu Otto (1991)), um dessen Durchsetzung sich Otto stets bemühte, immer mehr etabliert. Diese Anerkennung zog Veränderungen für die Interpretation von Bildern mit sich. Otto entwickelte dazu ein dreischrittiges Verfahren, das von der Bildung von Percepten, die vom unmittelbaren Wahrnehmung angeregt werden, ausgeht. Die Percepte entstehen durch ästhetische Praxis. Diese schließt unter anderem Malen, Collagieren, Zeichnen oder assoziatives Sprechen und Schreiben ein. Der kommunikative Prozess in einer Gruppe oder andere Formen der Auseinandersetzung mit dem Bild verhelfen zu einer Annäherung an Konzepte des Bildes. Ulrike Schulz macht dabei folgende Charakterisierungen deutlich. „Während der erste Schritt eher subjektorientiert ist und hierbei das Schaffen individueller und biografischer Bezüge zum Werk im Vordergrund steht, ist der zweite Schritt tendenziell darauf ausgerichtet, Distanz zur subjektorientierten Annäherung zu erfahren und der Vielzahl der möglichen Perspektiven zu entdecken."[18] Otto führt als dritten Schritt an, die Bedingungsgefüge der Entstehung von Kunst mit Allocationen zu erfragen, um so Kontextbedingungen, historische und soziale Bedingungen in die Analyse einzubeziehen.

---

[18] Stutz (2005), S.8

4. Fazit

In der Schule sollte man eine Werkbetrachtung auf der rein kunstwissenschaftlichen Ebene vermeiden. Die Methode des „Auslegens" nach Gunter Ottos ist ein Werkzeug, dass den Schülern während ihrer Schullaufbahn an die Hand gegeben werden kann und mit dessen Hilfe sie sich Kunstwerken annähern können.

5. Anhang

5.1 Abbildungen: Ottos frühe Werke

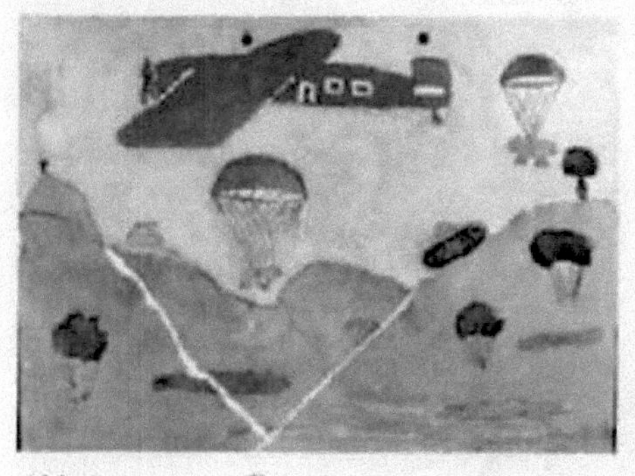

Abb. 4 entstanden 1937[19]

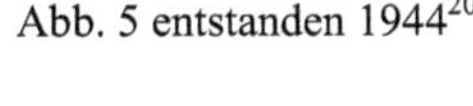

Abb. 5 entstanden 1944[20]

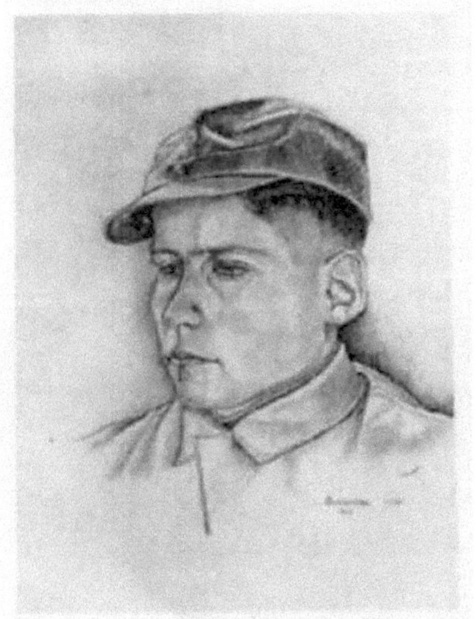

Abb. 6 entstanden 1944[21]

---

[19] Legler (2002), S. 2
[20] Legler (2002), S. 2
[21] Legler (2002), S. 3

5.2 Berliner Modell

nach Heimann /Otto / Schulz 1962

Entnommen: Dr. Peter O. Chott (1999): http://www.schulpaed.de/berliner_modell.htm (Zugriff: 09.08.209)

Zielkategorie: Lernen, nicht ‚Bildung'

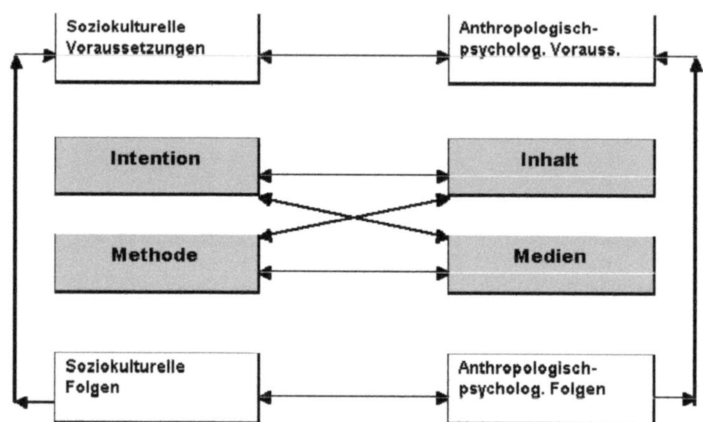

Intention

,Möglichkeitsklassen'

(=Zielklassen)

+kognitiv-aktiv

+affektiv-pathetisch

+ pragmatisch-dynamisch

Inhalt

präsentieren

sich als

+Wissenschaften

+Techniken

+ Pragmata

Methode

+Artikulation

+Lehr- und Lernweisen

+ Gruppen-, Raumorganisation

+ methodische Modell

+ Prinzipien-Kanon

Medien

+ = neue Abhebung von Methode

+ auditiv

+ visuell

1. Entstehungszeit des Modells, Schöpfer

Entwicklung durch den damals in Berlin lehrenden Erziehungswissenschaftler Paul Heimann (1901-1967). Vorstellung erstmals in der Form eines Aufsatzes 1962. 1965 erschien unter Mitarbeit seiner beiden Assistenten Gunther Otto und Wolfgang Schulz das Buch „Unterricht - Analyse und Planung", das auch viele Beispiele zu dem Ansatz enthält. Paul Heimanns wissenschaftliches Lebenswerk hat zwei Schwerpunkte, nämlich das Problem der modernen Medien und das einer zeitgemäßen Lehrerbildung.

2. Entstehungsanlass

Heimann hielt die bisherige Lehrerausbildung für praxisfern. Dem Lehrer sollte keine Theorie vermittelt werden, die er dann später mehr oder weniger lückenhaft in der Praxis umsetzen konnte, vielmehr sollte das praktische Handeln selbst als „Praktikum" in das Studium der Theorien integriert werden. Der Lehrer sollte selbst die Theoriebildung (im Sinne von „Anschauung von Praxis") vollziehen. 1960 wurde das „Didaktikum" an der Pädagogischen Hochschule in Berlin eingeführt. Das zwang Heimann, seine Gedanken bis hin zu einem didaktischen Modell auszuformen.

Ein zweiter Anlass dazu war die Kritik an Klafkis bildungstheoretischen Modell. Heimann hielt den <u>Bildungsbegriff für ungeeignet,</u> als Dreh- und Angelpunkt von Unterrichtsplanung zu dienen. Er warf den Vertretern dieser Didaktik „Stratosphärendenken" vor. Die mit dem Bildungsbegriff umrissenen „subtilen Vorgänge" spielten im Unterricht kaum eine Rolle. Das Ziel der Bildung durch Unterricht wird zwar grundsätzlich gutgeheißen, jedoch sei es unzweckmäßig, darauf die Unterrichtsplanung aufzubauen. Dadurch werde ein Auseinanderfallen von Theorie und Praxis begünstigt.

3. Erziehungstheoretischer Hintergrund

Bei seiner Kritik bezieht sich Heimann auch auf eine andere Wissenschaftstheorie, nämlich auf die empirisch orientierte wissenschaftliche Arbeitsweise. Die bildungstheoretische Didaktik war hingegen hermeneutisch orientiert, also auf Verstehen ausgerichtet. Verstehen hat immer auch stark subjektive Züge. Die empirische Vorgehensweise hingegen ist auf intersubjektiv nachprüfbare Ergebnisse aus. Sie ist zunächst einmal die wissenschaftliche Methode der Naturwissenschaft und Technik. Hier geht es um die Berechenbarkeit, Vorhersagbarkeit, Kontrollierbarkeit und Beherrschbarkeit von Ereignissen, Prozessen, Vorgängen. Die Vorgehensweise in der empirischen Forschung ist bestimmt durch Beobachtung, Hypothesenbildung und Überprüfung im kontrollierten Experiment. Eine empirische Ausrichtung der Erziehungswissenschaft etablierte sich von den 20er Jahren an zunächst in den USA, nicht unbeeinflusst durch die empirische Ausrichtung der deutschen Psychologie. In Deutschland selbst verstellte die geisteswissenschaftliche Orientierung der Erziehungswissenschaft weitgehend den empirischen Zugang. Während der Zeit des Nationalsozialismus war zudem die deutsche Wissenschaft isoliert, so dass deutsche Erziehungswissenschaftler wie Paul Heimann erst nach dem Krieg in den USA die dort inzwischen vollzogene „realistische Wende der Erziehungswissenschaft" kennenlernten.

4. Spezifika des didaktischen Modells

1 Der Lernbegriff als zentrale Kategorie

Heimann führt aus, dass der Bildungsbegriff ist einer empirischen Kontrolle kaum zugänglich weil nicht beobachtbar sei. Beobachtbar seien hingegen Lehr- und Lerntätigkeiten. Heimann fordert von daher, didaktisches Denken habe sich am Lernvorgang zu orientieren. Der Lernbegriff, so Heimann, habe gegenüber dem Bildungsbegriff den Vorteil, schlicht, neutral_und umfassend zu sein. Schlicht, weil er Diskussionen wie beim Bildungsbegriff überflüssig mache. Neutral, weil damit keine inhaltlichen Entscheidungen vorbedingt seien wie beim Bildungsbegriff. (s. Klafkis Definition der „kategorialen Bildung" mit Entscheidungen zugunsten bestimmter Bildungsinhalte als Elementaria) Umfassend sei der Lernbegriff, weil er die „Totalerfassung" aller Vorgänge im Unterricht ermögliche. Dabei ist zu sagen, dass Heimann damit nicht lernpsychologisch meint. Die Orientierung am Lernvorgang lässt vielmehr auch unterschiedliche Auffassungen von Lernprozessen im Sinne unterschiedlicher Lerntheorien zu.

2. Der Lehrer als selbständiger Theoriebildner

Statt Theorien oder Bruchstücke von Theorien (Theoreme) zu übernehmen, soll der Lehrer nach Heimann sich selbst seine Theorie erarbeiten. Das Modell ist eine Entscheidungshilfe! Keine Norm oder Vorschrift wie in der Bildungstheoretischen Didaktik! Das bedeutet zunächst, dass Unterricht und Denken über Unterricht, Engagement und Reflexion untrennbar miteinander verbunden sind. Die richtige Methode dazu sei die <u>Methode des Vergleichs</u>. Der Lehrer solle konkret erfahrene pädagogischen Prozesse mit bereits in Theorien gefassten Vorstellungen über pädagogisches Handeln und Gestalten vergleichen. Heimann war davon überzeugt, dass der im Studium so ausgebildete Lehrer später keineswegs subjektiv-willkürlich unterrichten werde, sondern „die Verwirklichung moderner erziehungswissenschaftlicher, historisch-pädagogischer und bildungspsychologischer Erkenntnisse" anstrebe. Die geforderte eigene Theoriebildung des Lehrers soll also keineswegs ein Freibrief für eine laxe Praxis sein, sondern bedeutet einen recht hohen Anspruch.

3. Das Strukturmodell von Unterricht

Aufgrund seiner Forderung nach „Neutralität" einer lerntheoretisch orientierten Didaktik kann Heimann nicht von angenommenen Prinzipien ausgehen. Heimann will vielmehr aus der vorfindbaren didaktischen Praxis heraus ein System gewinnen, das Beschreibung und Reflexion wie Planung von Unterricht ermöglicht. Dem steht allerdings die Schwierigkeit entgegen, dass Unterricht gerade auch nach Auffassung Heimanns ein prozeßhaftes Geschehen mit großer „Faktorenkomplexion" ist, wodurch jede unterrichtliche Situation einmaligen Charakter trägt und unwiederholbar ist.

Angesichts dieser Schwierigkeit geht Heimann davon aus, dass Unterricht gleichsam einen strukturellen Kern hat, wobei innerhalb der Struktur große Variationen auftreten können. Er spricht von „formal konstant bleibenden, inhaltlich variablen Elementar-Strukturen didaktischer Vorgänge". Dieser strukturelle Kern umfasst nach Heimann 6 „Elementar-Strukturen", ohne die konkreter Unterricht nicht denkbar ist. Sie bilden inhaltlich variierend das Gerüst jedes Unterrichts. Heimann benennt als solche Elementar-Strukturen:
- 	Intentionen,- 	Inhalte 	,- 	Methoden 	,- 	Medien 	sowie
- anthropologisch-psychologische und- sozial-kulturelle Voraussetzungen (Bedingungen)

Die ersten vier Elementar-Strukturen bezeichnet Heimann als „Entscheidungsfelder", weil der Lehrer hier konkrete Entscheidungen treffe, die einen Teil des je spezifischen Unterrichts ausmache. Die letzten beiden Elementar-Strukturen bezeichnet er als „Bedingungsfelder". Sie fassen die je spezifischen Bedingungen zusammen, die der Lehrer für den Unterricht vorfindet. Sozial-kulturelle Bedingungen meinen dabei Gegebenheiten wie Klassenzusammensetzung, Vorwissen, Interessen, Herkunft, Verhaltensweisen, Intelligenz, ferner die Ausstattung der Schule, der Lehrplan, die zur Verfügung stehen oder die methodischen Formen, die bis zu dieser Zeit entwickelt wurden und bekannt sind u.a. Anthropologisch-psychologische Voraussetzungen meinen den altersbedingten Entwicklungsstand der Schüler, ihr entsprechendes Leistungs- und Urteilsvermögen, aber auch das Können oder die Vorlieben des Lehrers und die Beziehungen zwischen Lehrer und Schülern.

Unterricht muss die Bedingungsfelder des Unterrichts beachten und wirkt sich auf diese aus. Für die Entscheidungsfelder gilt eine „Interdependenz", eine gegenseitige Abhängigkeit. Hier setzt er sich noch einmal deutlich von dem bildungstheoretischen Modell ab, das von einer Priorität und Dominanz der Inhaltlichkeit des Unterrichts ausgeht. So kann beispielsweise ein vorhandenes Medium der Kern des Planungsprozesses sein, von dem aus alle anderen Entscheidungen beeinflusst werde, z.B. welche Intentionen (Ziele) an welchen Inhalten realisiert werden sollen und welche Methoden (z.B. Kleingruppenarbeit, Klassendiskussion) zur Einpassung des Mediums dienen sollen.

5. Literaturverzeichnis

Aspiriniks (2009): http://de.wikipedia.org/wiki/Gunter_Otto_(P%C3%A4dagoge) (Zugriff: 09.08.2009)

Chott, Dr. P. O. (1999): http://www.schulpaed.de/berliner_modell.htm (Zugriff: 09.08.209)

Gensbauer, M. (2000): Gunter Otto. „Kunst als Prozeß im Unterricht". Kritischer Kommentar: H.G. Richter/Geschichte der Fachdidaktik, 1981. Luitpold-Gymnasium München. Seminar für Kunsterziehung.

Legler W. (2002): Gunter Otto. Begründung und Ende einer Kunstdidaktik. Vorlesung in der Reihe „Kunstpädagogische Positionen. Universität Hamburg.

Otto, G. (1959): Didaktischen Probleme des Unterrichtfaches „Bildende Kunst" dargestellt an Selbstzeugnissen bildender Künstler. In: Die deutsch Schule, Heft 11, S. 511-519.

Otto, G. (1983): Über Bilder sprechen lernen. In: Kunst und Unterricht, Heft 77, S. 10-19.

Otto, G. (1987): Auslegen. Ästhetische Erziehung als Praxis des Auslegens in Bildern und des Auslegens von Bildern. Seelze: Friedrich.

Otto, G. (1991): Ästhetische Rationalität. Erste Annäherung an einen neuen Horizont

des Kunstunterrichts. In: ZACHARIAS, W. (Hg.): Schöne Aussichten? Ästhetische

Bildung in einer technisch-medialen Welt. Essen, S. 145-161.

Stutz, U (2005): Ästhetische Annäherung an Bilder in der qualitativen empirischen For-schung. www.medienpädagogik.com/04-1/stutz04-1.pdf. Dresden.

Abb. 1 Quelle: http://www.kunstlinks.de/img/img10/otto.jpg (Zugriff: 09.08.2009)